BEI GRIN MACHT SICH IHR WISSEN BEZAHLT

- Wir veröffentlichen Ihre Hausarbeit, Bachelor- und Masterarbeit

- Ihr eigenes eBook und Buch - weltweit in allen wichtigen Shops

- Verdienen Sie an jedem Verkauf

Jetzt bei www.GRIN.com hochladen und kostenlos publizieren

Bibliografische Information der Deutschen Nationalbibliothek:

Die Deutsche Bibliothek verzeichnet diese Publikation in der Deutschen Nationalbibliografie; detaillierte bibliografische Daten sind im Internet über http://dnb.d-nb.de/ abrufbar.

Dieses Werk sowie alle darin enthaltenen einzelnen Beiträge und Abbildungen sind urheberrechtlich geschützt. Jede Verwertung, die nicht ausdrücklich vom Urheberrechtsschutz zugelassen ist, bedarf der vorherigen Zustimmung des Verlages. Das gilt insbesondere für Vervielfältigungen, Bearbeitungen, Übersetzungen, Mikroverfilmungen, Auswertungen durch Datenbanken und für die Einspeicherung und Verarbeitung in elektronische Systeme. Alle Rechte, auch die des auszugsweisen Nachdrucks, der fotomechanischen Wiedergabe (einschließlich Mikrokopie) sowie der Auswertung durch Datenbanken oder ähnliche Einrichtungen, vorbehalten.

Impressum:

Copyright © 2016 GRIN Verlag
Druck und Bindung: Books on Demand GmbH, Norderstedt Germany
ISBN: 9783668774995

Dieses Buch bei GRIN:

https://www.grin.com/document/437001

Fabian Titsch

Führungsstile und Motivation von Mitarbeitern. Ein kurzer Überblick

GRIN Verlag

GRIN - Your knowledge has value

Der GRIN Verlag publiziert seit 1998 wissenschaftliche Arbeiten von Studenten, Hochschullehrern und anderen Akademikern als eBook und gedrucktes Buch. Die Verlagswebsite www.grin.com ist die ideale Plattform zur Veröffentlichung von Hausarbeiten, Abschlussarbeiten, wissenschaftlichen Aufsätzen, Dissertationen und Fachbüchern.

Besuchen Sie uns im Internet:

http://www.grin.com/

http://www.facebook.com/grincom

http://www.twitter.com/grin_com

1. Einleitung 2
2. Definition von Führung 3
   2.1 Grundlagen zum Begriff 4
3. Führungsstile 4
   3.1 Der autoritäre Führungsstil 5
   3.2 Der kooperative Führungsstil 5
   3.3 Der laissez-faire Stil 6
4. Motivation von Mitarbeitern 7
   4.1 Was bedeutet Mitarbeitermotivation 7
   4.2 Die 5 Motivatoren 8
Literaturverzeichnis 11

1. Einleitung

Das Ziel in der Karriereleiter eine Sprosse nach oben zu klettern und selbst eine Führungskraft zu sein, besitzen viele Menschen. Jedoch ergeben sich mit einem beruflichen Aufstieg in eine Führungsrolle jede Menge neue Herausforderungen für „Neulinge" in diesem Bereich. Dadurch, dass Führungsverantwortungen für andere Mitarbeiter übernommen werden müssen, findet ein einschneidender Wechsel in der bisherigen Rolle und Funktion für Mitarbeiter statt. Neue Themenfelder, wie Anleiten oder Führen von Mitarbeitern sind plötzlich mehr im Mittelpunkt als die fachlichen Kompetenzen, welche vorher sehr gefragt waren. Das praktische Handeln gerät also immer mehr in den Hintergrund.[1]

Die Erwartungen an eine Führungskraft sind durch eine Beförderung bzw. durch die Anstellung in eine verantwortliche Position sehr hoch. Loyalität zur nächsthöheren Instanz ist ebenso wichtig, wie authentisch zu bleiben und immer an die Interessen der Mitarbeiter zu denken und diese zu berücksichtigen. Diese drei zentralen Punkte dürfen Führungskräfte nicht aus den Augen verlieren. Jedoch muss jede Person sich mit seiner eigenen Führung auseinandersetzen und einen eigenen Führungsstil entwickeln. Dabei darf jedoch nie der eigene Standpunkt außer Acht gelassen werden.[2]

Als wären diese neuen Aufgaben nicht schon Herausforderung genug, hat sich gezeigt, dass sich die Rahmenbedingungen in denen sich Führungskräfte befinden in den vergangenen Jahren deutlich verschlechtert haben. Die ständige Erreichbarkeit, sei es durch permanentes Klingeln des Telefons oder eingehende E-Mails zeigen ganz deutliche Wirkungen auf das Arbeitsverhalten von Führungskräften.[3]

Eine positive Einstellung zum eigenen Beruf sowie eine leistungsorientierte Arbeitshaltung sind immer von der Zufriedenheit und Produktivität der Mitarbeiter abhängig. Aus diesem Grunde ist das Thema der Mitarbeitermotivation in den letzten Jahren immer präsenter geworden.[4]

Zunächst werden in der folgenden Arbeit Grundlagen der Führung dargestellt und durchleuchtet. Durch welche Eigenschaften die Führungskraft ihr Umfeld und ihr eigenes Handeln beeinflusst wird im Anschluss vorgestellt. Im letzten Teil werden unterschiedliche Managementmethoden, welche Führungskräften wichtige

---

[1] Vgl. Zawodniak, 2008, [WWW-Dokument]
[2] Vgl. Schulz von Thun./ Ruppel./ Stratmann, 2008, S.20
[3] Vgl. Meckel, 2008, S.18
[4] Vgl. Wolff, 2012, S.3

Anhaltspunkte bieten können, dargestellt und voneinander unterschieden. Ebenso wird sich ein umfassender Teil dieser Arbeit mit dem Thema der Mitarbeitermotivation beschäftigen.

2. Definition von Führung

Da der Begriff der Führung sehr vielfältig und groß ist, lässt sich nur schwer eine allgemeine Definition finden. Es gibt ungefähr ebenso viele Definitionen für diesen Begriff wie Theorien nach denen „geführt" wird. Allerdings existiert ein gewisser Konsens darüber, dass es sich bei Führung um einen Beeinflussungsprozess zwischen einem Führenden und einem Geführten handelt. Dieser Prozess wird beeinflusst durch das Verhalten und den Charakter des Führenden, sowie der Kontext in dem dieses Machtverhältnis stattfindet.[5] Neuberger ist dieser Themenkomplex ebenfalls zu groß, dennoch grenzt er ihn knapp in einem einzigen Satz ein: „Führung ist ein Prozess der Ursachenzuschreibung an individuelle Akteure. Es ist [...] ein Konstrukt, ein soziales Phänomen, das nicht endgültig und vollständig geklärt und erklärt werden kann, sondern das fortwährend, den sich ändernden Umständen anpassend, geschaffen wird."[6]
Originäre Führungsaufgaben liegen darin, dass Ziele einerseits realisiert und umgesetzt werden, also Aufgaben termingerecht erledigt, andererseits aber auch im Umgang mit den Mitarbeitern. Weitreichend werden die Mitarbeiter eines Unternehmens, damit ist selbstverständlich auch die gängige Kindertagesstätte gemeint, als das wichtigste Kapital eines Unternehmens angesehen. Um gute Arbeit zu garantieren, sollte die Atmosphäre innerhalb eines Teams positiv gestimmt sein.[7] Weinert merkt jedoch an, dass Führung ein Gruppenphänomen ist, da sie die Interaktion zwischen mindestens zwei Personen beinhaltet. Außerdem ist Führung auch eine Art der sozialen Einflussnahme. Zudem zielt Führung darauf ab, durch Kommunikation gemeinsame Ziele zu erreichen.[8]
Die Vielzahl der Bedeutungen vom Begriff „Führung" aufzuzeigen würde den Rahmen dieser Arbeit sprengen, weshalb nur ein Teil davon bearbeitet werden konnte.

---

[5] Vgl. Antonakis/ Cianciolo/ Sternberg, 2004, S.5
[6] Steinkellner, 2005, S.28
[7] Vgl. Schulz von Thun/ Ruppel/ Stratmann, 2008, S.15
[8] Vgl. Weinert, 1989, S.555

2.1 Grundlagen zum Begriff

Mit der genauen Fragestellung was der Begriff „Führung" bedeutet und alles beinhaltet, haben sich bereits unzählige Autoren in Aufsätzen und ganzen Büchern auseinandergesetzt. Wenn bei www.google.de der Suchbegriff „Führung" eingegeben wird, so liefert die Suchmaschine im Dezember 2014 rund 60,2 Millionen Quellen, welche das Wort „Führung" enthalten.[9] So unterschiedlich und vielfältig die Literatur zu diesem Begriff auch ist, so komplex scheint es auch zu sein eine allgemeingültige Definition für den Begriff zu bestimmen. Ein Grund dafür könnte sein, dass Führung aus unterschiedlichen und zum Teil auch absolut widersprüchlichen Perspektiven beschrieben wird. Eine bestimmte Art von Führung begegnet Menschen in ihrer Freizeit, in der Schule im Urlaub, aber auch in der Politik. In allen Umgebungen und Gesellschaften ist Führung vorhanden, in denen mehr als zwei Personen aufeinandertreffen.

Im Rahmen dieser Arbeit kann jedoch keine umfassende Auskunft über alle Bereiche gegeben werden. Der Fokus liegt primär auf der Führungskraft an sich, wie sie auch in einer Unternehmerwelt auftritt. Dennoch werden immer wieder parallelen zu Kindertageseinrichtungen gezogen, da dieser Bereich Gegenstand der Veranstaltung war und auch als zukünftiges Arbeitsfeld eine hohe Relevanz besitzt.

3. Führungsstile

Wenn Menschen auf Anweisungen von Vorgesetzten arbeiten sollen, trifft diese im Sinne von McGregors X-Theorie nicht immer ganz auf Zustimmung. Die X- und Y-Theorien sind Managementtheorien / Führungsphilosophien, die völlig verschiedene Menschenbilder präsentieren. Die X-Theorie geht davon aus, dass der Mensch von sich aus eher faul ist und versucht der Arbeit aus dem Weg zu gehen. Die Y-Theorie nimmt an, dass der Mensch durchaus ehrgeizig ist und Arbeit mit Freude verrichtet. Ebenso prägen dieses Menschenbild Verantwortungsbewusstsein und Zufriedenheit.[10] Aufgrund der eigenen Mentalität, Erfahrung sowie Lebenssituation können unterschiedliche Reaktionen auf Aussagen sehr verschieden ausfallen. Durch einen zu „harten" Führungsstil und Kommunikation auf der entsprechenden Ebene können bei den Auftragsempfängern Skepsis, Unsicherheit oder sogar Widerstände auftreten.

---

[9] Abfrage am 18.12.2014
[10] Vgl. Kirchler/ Meier-Pesti/ Hofmann, 2004, S.103

Im folgenden Kapitel werden die drei wichtigsten Führungsstile ausführlich vorgestellt. Wie schon bei der vorigen Begriffsklärung gibt es auch in diesem Fall wieder viele Definitionen der Führungsstile. Beachtet werden muss, dass auf neue, aktuelle Managementstile nicht eingegangen wird, da die „klassischen" Führungsstile genug Raum in dieser Hausarbeit bekommen. Der Begriff Führungsstil bezeichnet ein relativ stabiles, langfristiges Verhaltensmuster einer Führungsperson, welches zugleich seine[11] Grundeinstellung ist, die auch gegenüber Mitarbeitern zum Ausdruck gebracht wird.[12]

3.1 Der autoritäre Führungsstil

Der Begriff Autorität leitet sich vom lateinischen Wort „auctoritas"= persönliches Ansehen, Geltung ab.[13] Heutzutage ist dieser Begriff allerdings eher negativ belegt und wird oft in Zusammenhang mit dem Deutschen Reich und der Zeit des Nationalismus genannt. Dieser Führungsstil wird automatisch mit forderndem Verhalten verstanden.[14] Dieser Führungsstil, der auch unter dem autokratischen Begriff bekannt ist, meint die Führung durch eine einzelne Person. Gekennzeichnet ist das autoritäre Verhalten besonders durch extreme Aufgaben- und Leistungsorientierung, bei der die Mitarbeiter bzw. Untergebenen wenig bis gar nicht in Entscheidungsprozesse mit eingebunden werden. Als einzigen Vorteil dieses Stiles muss erwähnt werden, dass eine schnelle Handlungsfähigkeit gewährleistet ist, dadurch, dass Mitarbeiter nicht bei Entscheidungen in Überlegungen miteinbezogen werden. Jedoch überwiegen die negativen Aspekte. Mitarbeiter können demotiviert werden, da sie weder die Möglichkeit bekommen sich selbst mit einzubringen, noch das Gefühl vermittelt bekommen gleichwertig zu sein. Eine Überforderung des allein herrschenden ist eine mögliche Folge dieses Stiles, da Fehler oder falsche Einschätzungen nicht sofort entdeckt werden können.[15]

3.2 Der kooperative Führungsstil

Nach dem im Teil zuvor der „radikalste" Führungsstil der klassischen Führungslehre aufgezeigt wurde, wird nun der zweite vorgestellt, der demokratische Führungsstil. Der Ursprung des Wortes Demokratie kommt aus dem Griechischen und bedeutet

---

[11] Mit seine ist sowohl das männliche als auch das weibliche Geschlecht gemeint
[12] Vgl. Laufer, 2012, S.86
[13] Vgl. Bibliographisches Institut, 2013, [WWW-Dokument]. Suchwort: auctoritas
[14] Vgl. Laufer, 2012, S.86
[15] Vgl. Laufer, 2012, S.86

„demos"=das Volk.[16] Bei diesem Führungsstil springt man aktuell vom demokratischen / charismatischen oder auch kooperativen. Besonderes Merkmal dieses Stils ist die starke Einbindung der Mitarbeiter in sämtliche Entscheidungsprozesse. Die Delegation von Aufgaben und Verantwortung ist ein wichtiges Element dieses Führungsstils und wird sogar als eine Voraussetzung angesehen. Dadurch erhalten die Mitarbeiter eine gewisse Wertschätzung und es wird erreicht, dass diese sich aktiv in Entscheidungsprozesse einbringen können. Eigene Ideen und Vorschläge können eingebracht werden, was wiederum die Eigeninitiative erhöht. Außerdem besteht dadurch nicht wie beim autoritären Stil die Gefahr, dass der Vorgesetzte alle selbst entscheiden muss.[17] Zur Folge kann dies haben, dass dadurch das Arbeitsklima erheblich positiver ausfällt als bei zuvor beschriebenem Führungsstil. Der einzige offensichtliche Nachteil kann sein, dass durch die verschiedenen Entscheidungs- und Verantwortungsebene lange Diskussionen entstehen und der Entscheidungsprozess in die Länge gezogen wird.[18]

3.3 Der laissez-faire Stil

Der dritte der klassischen Führungsstile ist der sogenannte „Laissez-faire" Stil. Um es auf den Punkt zu bringen, handelt es sich bei diesem französischsprachigen Führungsstil darum, seine Vorgesetzten „machen zu lassen". Der Vorgesetzte gewährt seinen Mitarbeitern sämtliche Freiräume und lässt sie alles nach eigenem Ermessen erledigen und entscheiden. Anzumerken ist jedoch, dass während dieses Stils keine Führung der Mitarbeiter stattfindet, daher hat dieser Stil auch im eigentlichen Sinne keinen Anspruch darauf zu den klassischen Führungsstilen zu gehören.[19] Jedoch ist auf den großen Vorteil zu verweisen, dass die Mitarbeiter selbstbestimmt und innerhalb eines großen Spielraumes agieren können. Dies wirkt sich positiv auf die Arbeitsatmosphäre aus, da die Mitarbeiter einen großen Spielraum haben und jeder individuell seine Stärken mit einbringen kann, um die Qualität zu verbessern. Um nochmals auf die Theorie von McGregor zurückzukommen kann das Fehlen einer Führungs- und Kontrollinstanz die Eigeninitiative und den Selbstverwirklichungsdrang der Mitarbeiter steigern. Daraus könnte eine qualitative Steigerung der Arbeitsergebnisse resultieren. Jedoch ist nicht jeder Mitarbeiter in der Lage mit diesem extrem hohen Maß an Freiheit verantwortlich

---

[16] Vgl. Bibliographisches Institut, 2013, [WWW-Dokument]. Suchwort: Demokrafie
[17] Vgl. Laufer, 2012, S.87
[18] Vgl. Kansteiner-Schänzlin,2002,S.47
[19] Vgl. Pelzer, 2009, S.60

umzugehen. Ohne die ordnende Instanz des Vorgesetzten besteht die Gefahr der Desorientierung und einer unproduktiven Arbeitshaltung. Das Resultat davon könne ein Qualitätsverlust der Arbeitsergebnisse sein.[20]

4. Motivation von Mitarbeitern
4.1 Was bedeutet Mitarbeitermotivation

Um sich langsam dem Begriff der Mitarbeitermotivation anzunähern, wird zunächst der Begriff Motivation definiert. Trotz unterschiedlicher Erscheinungsformen von Motivation gibt es eine für alle Formen gemeinsame Definitionsgrundlage: „Motivation ist die Abweichung eines angestrebten Zustandes (Sollwert) von einem aktuellen Zustand (Istwert). Diese Abweichung gibt dem Verhalten Energie, Richtung und Ausdauer."[21] Unter Motivation kann man sowohl die Motivation des Einzelnen verstehen, jedoch auch das allgemeine Motivationspotenzial der Arbeitsumgebung und einer aktuellen Arbeitssituation.[22] Motivation versteht sich als emotionale und neuronale Aktivität. Auf diesen Aktivitäten beruht das Streben der Menschen nach Zielen. Motivation kann die individuelle Handlungsbereitschaft steigern und ist somit auch eine Art Triebfeder für menschliches Verhalten anzusehen. Motivation ist das bewusste und zielgerichtete Streben und keine reflexartige Handlung oder Aktion, welche durch Instinkte ausgerufen wird.[23] Aus diesen Gründen wird Motivation als eine Form angesehen, durch welche man eine gezielte Einflussnahme auf Mitarbeiter zur Verbesserung des jeweiligen Verhaltens oder der Leistung vornehmen kann. Im vorigen Kapitel wurden bereits die X- und Y-Theorien von McGregor vorgestellt. Im Allgemeinen kann nicht immer davon ausgegangen werden, dass die Arbeit eines Menschen dessen Quelle der Zufriedenheit und die eigene Leistungsbereitschaft aus innerer Motivation heraus erfolgt.[24] Vielmehr scheint die Realität in der X-Theorie von McGregor zu liegen, nach der der Mensch aufgrund seiner angeborenen Abneigung gegen die Arbeit von außen zusätzlich motiviert werden muss. Die Wahrheit der beruflichen Wirklichkeit scheint sich wohl irgendwo zwischen der X- und Y-Theorie zu befinden. Jedoch ist seit den letzten Jahrzehnten ein Trend zu erkennen, dass der

---

[20] Vgl. Laufer, 2012, S.87
[21] Vgl. Scheffer/ Kuhl, 2006, S.9
[22] Vgl. Scheffer/ Kuhl, 2006, S.9
[23] Vgl. Nerdinger, 2002, S.5
[24] Vgl. Laufer, 2012, S.126

Stellenwert von Arbeit in der allgemeinen Wertvorstellung im Vergleich zum Bereich Freizeit kontinuierlich, aber deutlich spürbar abgenommen hat.[25]
Unter anderem aus diesem Grund ist es nicht verwunderlich, dass Motivation von Mitarbeitern durch die gezielte Einflussnahme durch die Führungskraft eine sehr wichtige Aufgabe in der täglichen Arbeit darstellt.

4.2 Die 5 Motivatoren

Nachdem mittels Definition der Begriff der Motivation aufgezeigt wurde, handelt das folgende Kapitel davon, wie gezielt Einfluss auf die Mitarbeiter ausgeübt werden kann. Um verständlicher aufzuzeigen, welcher Mittel sich Führungskräfte bedienen können, um ihre Mitarbeiter zu führen und zu motivieren, wird in Kürze ein Schaubild dazu aufgezeigt. Innerhalb dieses Schaubildes stellt die Mitarbeitermotivation allerdings nur eines von vielen Mitteln dar. Mithilfe dieses Schaubildes sollen Personen in Führungspositionen Möglichkeiten erlangen, um gezielte Anreize und Impulse an ihre unterstellten Mitarbeiter zu erzeugen.

Keine Überraschung ist dabei, dass das bekannteste Motivationsmittel sicherlich der Lohnzettel darstellt.[26]Neben den materiellen Anreizen können jedoch auch die Gestaltung der Arbeitsbedingungen und Tätigkeiten in Unternehmen motivierend auf die Mitarbeiter einwirken. Im Folgenden wird nun ein Überblick über die fünf verschiedenen Gruppen gegeben, welche immaterielle Möglichkeiten der Motivation sind.

27

---

[25] Vgl. Laufer, 2012, S.21
[26] Vgl. Nerdeinger, 2002, S.30
[27] Quellen: 5 Motivatoren, um Leistungsträger zu binden [WWW-Dokument]

1. Interessante Aufgaben

Da sich Mitarbeiter in der Regel ganz bewusst für genau diesen Beruf und diese Aufgabenstellung entschieden haben, sind interessante Aufgaben eine der wichtigsten Motivatoren. Besonders gute Arbeitsergebnisse sorgen auch dafür, sich in der Freizeit mit beruflichen Fragestellungen zu beschäftigen. Demnach sollte sich ein Arbeitnehmer auch in etwa folgende Fragen stellen:

- Welche Aufgaben und Verantwortungen kann ich übernehmen?
- Wozu dient meine Arbeit im Gesamtkontext des Unternehmens?
- Wie viel Spaß macht mir meine Arbeit? [28]

2. Leitungsorientierte Organisationsstruktur

Die Organisationsstruktur kann sich nur dann motivierend auswirken, wenn den Mitarbeitern alle Voraussetzungen gewährleistet, werden qualitative und quantitative hochwertige Arbeitsergebnisse abzuliefern. Durch wenig Bürokratie und schnellen Genehmigungsverfahren, sowie moderne Ausstattung an Geräten sowie Technik können hierbei ein Schlüssel zum Erfolg sein. [29]

3. Motivierendes Teamklima

Die Arbeitsmoral eines jeden hängt auch immer davon ab, ob sich der Mitarbeiter[30] in seinem Arbeitsklima wohlfühlt oder nicht. Für das Betriebs-Teamklima sind die Vorgesetzten direkt verantwortlich. Ein Betriebsklima sollte aus menschlicher Wärme, Offenheim, guter Laune und Hilfsbereitschaft gegenüber seinen Kollegen / Kolleginnen zu zeigen. Schlechte Stimmung oder Egoismus von Einzelnen, sowie Gerüchte oder Konflikte verderben den Spaß und letztendlich damit auch die Motivation. Anerkennung für das gesamte Team aufgrund eines gezeigten Leistungserfolges kann immer ein Motivationsschub für das ganze Team verheißen. Besonders wenn sich Einzelne in Konfliktsituationen auf die Rückendeckung ihrer Kollegen oder der Führungskräfte verlassen können, kann ein Motivationsschub entstehen.[31]

---

http://www.sicher-fuehren.de/wp-content/uploads/5-motivatoren.jpg
[28] Vgl. Deistler/ Haberleitner, 2009, S.13
[29] Vgl. Rischar, 2007, S.54f
[30] Es ist sowohl die männliche, als auch die weibliche Form gemeint
[31] Vgl. De Micheli, 2009 ,S.193f

4. Berufliche Selbstverwirklichung

Dieser Punkt ist sehr eng mit der interessanten Aufgabenstellung von 1) zu sehen. Letztlich jeder Mitarbeiter wird sich fragen:

- Was kann ich auf Dauer erreichen?
- Welche Chancen der beruflichen Weiterentwicklung bietet mir mein Arbeitgeber?

Aus diesen Fragen wird jeder Angestellte individuell seine Konsequenzen für sich selbst ziehen. Die berufliche Selbstverwirklichung besteht aus zwei verschiedenen Aspekten. Zum einen ist die persönliche Entwicklung im aktuellen Job entscheidend sowie zunehmende Erfahrungen und daraus abgeleitete Kompetenzen.

5. Berücksichtigung privater Bedürfnisse

Mitarbeiter leben nicht nur für ihre Arbeit, sondern primär für ihre Familie, ihre Interessen, körperliches und geistiges Wohl sowie fachliche Qualifikation. In der persönlichen Referenzliste eines jeden Mitarbeiters nehmen die Vereinbarkeit zwischen Beruf und Familie einen immer höheren Stellewert ein. Wie soll ein Angestellter morgens gerne zu seiner Arbeitsstelle gehen, wenn dies zu Lasten seiner Familie, Freizeit, Hobbies oder etwa der Gesundheit fällt? Flexible Arbeitszeiten wären unter Umständen eine Lösung, falls dies für ein Unternehmen umsetzbar ist. Dadurch könnten private Bedürfnisse im Vordergrund stehen und die Motivation würde darunter nicht leiden.

Alle fünf eben vorgestellte Gruppen mit ihren entsprechenden Einzelmaßnahmen sind sehr umfangreich und situationsabhängig von Vorgesetzten zu betrachten. [32]
Die fünf Motivatoren erheben auch keinen Anspruch auf Vollständigkeit. Neben den aufgezählten kooperativen Motivationsmöglichkeiten stehen Führungskräften noch einige weitere Möglichkeiten zur Verfügung. Diese könnten zum Beispiel Beurteilungen, Lohnkürzungen- Erhöhungen, Beendigung des Arbeitsverhältnisses, das Versagen beruflicher Entwicklung sein[33]

---

[32] Vgl. Laufer, 2012, S.153ff
[33] Vgl. Laufer, 2012, S.83

Literaturverzeichnis

Antonakis, J./ Cianciolo, A.T./ Sternberg, R.J. (2004): The Nature of Leadership. Sage Pubn Inc.: London.

Bibliographisches Institut (2013): Duden [WWW-Dokument]. Verfügbar unter:
http://www.duden.de/rechtschreibung/Demografie [08.01.2015]
http://www.duden.de/suchen/dudenonline/auctoritas [13.01.2015]

Bonus, T. (2009): Führung, Wandel und Innovationsbarrieren. Entwurf und empirische Untersuchung einer ökonomisch basierten Führungstheorie, Band 30, Eul: München.

De Micheli, M. (2009): Nachhaltige und wirksame Mitarbeitermotivation: Praxisgrundsätze, Fallbeispiele, Motivations- und Führungs-prinzipien und konkrete Motivationsideen…von Mitarbeitern im Betriebsalltag. 2. Auflage, PRAXIUM: Zürich.

Deistler, E./ Haberleitner, E. (2009): Führen, Fördern, Coachen: So entwickeln Sie die Potenziale Ihrer Mitarbeiter, 4. Auflage, Piper: München.

Hentze, J./ Graf, A./ Kammel, A./ Lindert, K. (2005): Personalführungslehre – Grundlagen, Funktionen und Modelle der Führung, 4. Auflage, Haupt Verlag: Bern, Stuttgart, Wien.

Hopfenbeck, W. (1997): Allgemeine Betriebswirtschafts- und Managementlehre – Das Unternehmen im Spannungsfeld zwischen ökonomischen, sozialen und ökologischen Interessen, 11. Auflage. Verlag Moderne Industrie: Landsberg/ Lech.

Kansteiner-Schänzlin, K. (2002): Personalführung in der Schule. Übereinstimmungen und Unterschiede zwischen Frauen und Männern in der Schulleitung, Klinkhardt: Rieden.

Kirchler, E./ Meier-Pesti, K./ Hofmann, E. (2004): Menschenbilder in Organisationen. Arbeits- und Organisationspsychologie 5, Facultas: Wien.

Laufer, H. (2012): Grundlagen erfolgreicher Mitarbeiterführung, 12.Auflage, GABAL:Offenbach.

Meckel, M. (2008): Das Glück der Unerreichbarkeit. Wege aus der Kommunikationsfalle, 5.Auflage, Murrmann Verlag GmbH: Hamburg.
Nerdinger, F.W. (2002): Motivation von Mitarbeitern, Vandenhoeck & Ruprecht: Göttingen.

Pelzer, G. (2009): Führen mit Links. Links für Führungskräfte- Ein Brevier, Books on demand: Erftstadt.
Rischar, K. (2007): Leistungsorientierte Bezahlung- Chancen und Risiken. Expert: Renningen.

Scheffer, D./ Kuhl, J. (2006): Erfolgreich motivieren: Mitarbeiterpersönlichkeit und Motivationstechniken, Hogrefe: Göttingen.

Schulz von Tun, F./ Ruppel, J./ Stratmann, R. (2008): Miteinander Reden: Kommunikationspsychologie für Führungskräfte, 8.Auflage, Rowohlt: Reinbek.

Sengpiel, A. (2015): Praxishandbuch sicher führen erfolgreich leiten und motivieren in der Praxis. [WWW-Dokument] Verfügbar unter: http://www.sicher-fuehren.de/wp-content/uploads/5-motivatoren.jpg [13.01.2015].

Steinkellner, P. (2007): Systemische Intervention in der Mitarbeiterführung, 2. Auflage, Carl-Auer: Heidelberg.

Ulrich, H. (1970): Die Unternehmung als produktives soziales System– Grundlagen der allgemeinen Unternehmenslehre, 2. Auflage, Paul Haupt: Sankt Gallen.

Ulrich, H./ Krieg, W./ Malik, F. (1976): Zum Praxisbezug einer systemorientierten Betriebswirtschaftslehre. In: Ulrich, H. (Hrsg.): Zum Praxisbezug der Betriebswirtscahftslehre – in wissenschaftlicher Sicht. S. 135–151), Verlag Paul Haupt: Bern, Stuttgart.

Weinert, A. (1989): Führung und soziale Steuerung. In: Roth, E. (Hrsg.): Organisationspsychologie, Enzyklopädie der Psychologie. Band 3, S. 552 – 577. Hogrefe-Verlag: Göttingen.

Wolff, B. (2012): Mitarbeitermotivation: Warum ist es wichtig, Mitarbeiter zu motivieren? Welche Rolle spielt dabei der Motivationsprozess? Grin: München.

Zawodniak, C. (2008): Ab morgen bin ich dein Chef. Frankfurter Allgemeine Zeitung. [WWW-Dokument]
Verfügbar unter: http://www.faz.net/aktuell/wirtschaft/karrieresprung-ab-morgen-bin-ich-dein-chef-1515654.html
Aufgerufen am: [18.12.2014]

BEI GRIN MACHT SICH IHR WISSEN BEZAHLT

- Wir veröffentlichen Ihre Hausarbeit, Bachelor- und Masterarbeit

- Ihr eigenes eBook und Buch - weltweit in allen wichtigen Shops

- Verdienen Sie an jedem Verkauf

Jetzt bei www.GRIN.com hochladen und kostenlos publizieren